LA
QUESTION CONSTITUTIONNELLE

PAR

ERNEST HENDLÉ

Avocat à la cour de Paris ; ancien Préfet

PARIS

ARMAND LE CHEVALIER, ÉDITEUR

61, RUE RICHELIEU, 61

Tous droits réservés.

IMPRIMERIE MODERNE, rue Jean-Jacques-Rousseau, 61
(BARTHIER, Direccteur).

LA

QUESTION CONSTITUTIONNELLE

I

Aucun parti, aucun homme politique ne conteste qu'un grand pays tel que la France ne peut être longtemps condamné à vivre dans le provisoire, et que l'établissement d'institutions définitives s'impose comme une nécessité impérieuse, comme une question de salut public. Un certain nombre d'esprits manifestent ouvertement une grande indifférence pour la forme extérieure du gouvernement, affirmant, l'histoire en main, que les principes sur lesquels reposent les sociétés modernes peuvent être alternativement respectés ou méconnus sous la Monarchie comme sous la République. Toutefois, l'indifférence et le scepticisme professés par les disciples de cette école sur la forme du gouvernement, ne suppriment en aucune manière l'irrésistible besoin d'un peuple d'être régi par des lois constitutionnelles quelconques, monarchiques ou républicaines, nettement définies, respectées à la fois par tous les citoyens et par l'étranger. Ces institutions peuvent être le fruit d'une série de lois successivement perfectionnées et harmonisées, œuvre complexe du temps, des mœurs et du législateur. Telles sont les institutions anglaises, que personne n'éprouve le besoin de codifier en une charte unique, mais qui n'en sont pas moins précises, définies et parfaitement consacrées. Ailleurs, c'est une charte souveraine, une loi unique et fondamentale, en un mot une *constitution*, qui régit la nation et détermine la forme politique du gouvernement. A l'heure actuelle, la France possède un gouvernement et ne possède pas d'institutions; les républicains et les monarchistes se livrent pacifiquement un combat suprême, dont l'enjeu est la forme extérieure, l'étiquette définitive qui sera imprimée au pouvoir et aux institutions du pays. Si les événements avaient suivi un cours différent, peut-être eût-il été possible de renoncer aux parchemins constitutionnels, si souvent modifiés ou violés depuis quatre-vingts ans, à travers les coups d'État et les révolutions. Les mœurs publiques s'accoutumant de jour en jour à la République, qui a pour elle le fait, *la possession*, notre édi-

fice politique et social se fût successivement complété et perfectionné par une série de lois organiques, au fur et à mesure des besoins et des nécessités sociales. Il y faut renoncer. Nul ne saurait prédire la durée réservée aux institutions dont nous
serons dotés ; rien n'est éternel, rien n'est définitif
dans l'œuvre du législateur humain ; mais il n'en faut
pas moins vivre à l'ombre d'un droit public reconnu
et consacré. Les impatiences des uns, les intrigues
des autres, ont précipité une solution dont personne
n'a jamais contesté la nécessité éventuelle. Il est
visible que les partisans de la monarchie ne veulent
plus laisser longtemps à la République de fait sous
laquelle nous vivons les avantages quotidiens et considérables que, suivant une expression de M. Guizot
« le temps apporte à ce qu'il ne détruit pas. » D'autre
part, les républicains sont prêts à défendre leur drapeau et résolus à faire triompher leur principe.
L'heure décisive a donc sonné. Les partis politiques
et l'Assemblée nationale sont acculés : il faut à la
France une constitution.

II

Ici se pose une question controversée et qui est l'objet d'ardentes polémiques : l'Assemblée nationale est-elle constituante ?

Les arguments invoqués de part et d'autre se résument en très peu de mots.

Pour contester à l'Assemblée, élue le 8 février 1871, le pouvoir de faire la constitution, on rappelle que les élections ont eu lieu au milieu d'un désarroi général ; que plus du tiers de la France était occupé par les armées étrangères, et que le vote s'est accompli au milieu de difficultés et d'irrégularités sans nombre ; qu'au moment du vote, la nécessité de conclure la paix avec l'Allemagne était la principale, sinon l'unique préoccupation des esprits ; qu'enfin, la question constitutionnelle n'a pu être ni posée, ni discutée entre le corps électoral et ses mandataires durant les quelques jours qui précédèrent l'ouverture du scrutin ; qu'en conséquence, l'Assemblée ne saurait, sans excéder son mandat, imposer une solution à la France contre son gré et sans son aveu formel.

Les partisans du pouvoir constituant de l'Assemblée répondent qu'au 8 février la France en détresse a donné pleins pouvoirs à ses représentants; que le mandat législatif leur a été confié sans conditions et sans réserve, et que l'Assemblée, possédant la plénitude de la souveraineté législative, est en droit de voter la constitution du pays.

Cette polémique se prolongera sans doute aussi longtemps que vivra l'Assemblée, et cependant la question est en réalité sans intérêt, ne pouvant être résolue que par l'Assemblée elle-même, laquelle est juge et partie dans sa propre cause, et n'a jamais négligé l'occasion de se proclamer constituante. Quelle autorité supérieure pourrait lutter contre elle, infirmer ses votes, limiter sa souveraineté? Nul groupe de citoyens, aucun corps constitué, personne ne saurait, sans attentat à la représentation nationale, sans un coup d'État criminel au premier chef, refuser obéissance aux décisions du législateur souverain. Il importe peu que les esprits les plus éclairés et les plus libéraux, les plus clairvoyants et les plus patriotes, s'accordent à penser qu'après trois ans écoulés, en présence de la division des partis et des manifestations répétées du suffrage universel dans les élections partielles, il est de la loyauté la plus simple. de l'honnêteté politique la plus vulgaire, que la nation, dont les destinées sont en jeu, soit solennellement et libre-

ment consultée sur son sort par des élections générales. Si la Chambre s'y refuse, sa volonté fait loi, et
nous ne pouvons que le répéter : la question de savoir si l'Assemblée est ou non constituante est pure-
ment théorique, et par suite dépourvue d'intérêt. Il
n'y a pas de sanction à la doctrine des adversaires de
la Chambre, qui demeure maîtresse absolue de la
solution, et qui, du reste, a tranché le problème en
affirmant son pouvoir souverain, pouvoir sans limite,
sans restriction, et sans autre contrôle que le juge-
ment de l'histoire et le verdict tôt ou tard inévitable
de l'opinion publique.

III

Situation étrange, en vérité, et, au premier abord, sans issue! Il importe de mettre en relief cet état de choses singulièrement anormal.

Nous vivons, depuis le 8 février 1871, sous un régime représentatif qui n'est ni la République constituée comme en Suisse ou aux États-Unis, ni le régime parlementaire tel qu'il est compris et pratiqué dans tous les pays libres.

Ce qui caractérise le régime parlementaire proprement dit, tel qu'il a été défini et professé par tous les docteurs en droit constitutionnel, c'est la faculté pour le chef de l'État de dissoudre l'Assemblée en cas de conflit, et de consulter la nation par des élections nouvelles. Or, notre régime actuel n'a de nom dans aucune langue. Le pouvoir unique et illimité d'une Assemblée dont tout émane est bien une forme *sui generis* du gouvernement représentatif, mais il n'a rien de commun avec ce qu'on appelle le régime parlementaire. Quoi qu'en puissent penser les doctrinaires de la droite et du centre droit de l'Assemblée nationale, le régime parlementaire ne subit aucune atteinte et n'est nullement menacé par les critiques légitimes dirigées contre le système actuel et forcément provisoire; bien plus. attaquer ce régime étrange, qui perpétue parmi nous le malaise et la confusion des esprits, en faire toucher du doigt le vice profond et les graves dangers, montrer l'impasse dans laquelle la prolongation de ce système menace de fourvoyer le pays, réclamer, en un mot, *une Constitution ou la dissolution*, c'est faire œuvre de patriotisme et de clairvoyance politique, ce n'est nullement porter atteinte aux droits de l'Assemblée, ni discréditer les institutions parlementaires et le régime représentatif.

Oui, il importe à tous égards qu'un grand respect demeure attaché au principe de la représentation nationale; que cette chose sacrée qui s'appelle une Assemblée souveraine et librement élue demeure environnée du plus grand prestige; que ses volontés, tout en étant librement appréciées et livrées à la critique et aux disputes des hommes, soient néanmoins partout obéies et strictement exécutées. De nombreuses Assemblées ont exercé dans notre pays la puissance législative depuis près d'un siècle; d'autres Assemblées succéderont à l'Assemblée actuelle, qui n'a point apparemment la prétention de se croire éternelle et de ne se renouveler indéfiniment que par le décès ou la démission de ses membres ; les Assemblées diffèrent les unes des autres par leur origine, par leur durée, par leurs actes, par le caractère et par le talent de leurs membres ; les unes ont accompli de grandes choses, d'autres n'ont laissé que le souvenir de leur platitude et de leur médiocrité. C'est le droit absolu de la critique et de l'histoire de juger ces grands corps politiques, leurs actions et leurs paroles, leurs vertus et leurs crimes, leurs grandeurs et leurs faiblesses, et telle Assemblée peut avoir mérité pour certains de ses actes la réprobation des honnêtes gens, que la sentence portée contre elle ne constitue aucune atteinte à la puissance législative et au principe même de la souveraineté des Assemblées ni au respect qui leur est dû.

Ce respect profond, on ne saurait trop insister sur ce point, est un de nos dogmes politiques. Il est la citadelle du droit moderne, contre laquelle doivent se briser toutes les velléités de coups d'État, toutes les tentatives insurrectionnelles, tous les rêves du droit divin.

Malheureusement, ce respect n'est pas toujours observé par ceux-là mêmes qui semblent le professer avec plus de passion. A la fin de la session dernière, la majorité de l'Assemblée a cru devoir voter un projet présenté par le garde des sceaux et destiné à assurer, dans l'intervalle des sessions législatives, la répression du délit d'offense commis contre l'Assemblée nationale. Or, par une contradiction qui serait inexplicable si les intérêts de partis ne suffisaient à expliquer toutes choses, c'est au sein même de la majorité que se rencontrent peut-être les plus ardents adversaires du régime parlementaire, c'est-à-dire du gouvernement des nations par elles-mêmes, et les plus grands contempteurs de la souveraineté et de l'inviolabilité des Assemblées. Les uns, en petit nombre, se rattachent à la tradition impériale et sont solidaires du coup d'Etat de Décembre, de l'acte violent, criminel et inexcusable, par lequel, en pleine paix intérieure, une Assemblée librement élue et non moins conservatrice que l'Assemblée actuelle, s'est vue dissoute et dispersée avec la dernière brutalité. D'autres, plus nombreux, ont manifesté depuis trois ans, en toutes circonstances, les plus vives susceptibilités pour tout ce qui touchait aux prérogatives parlementaires, et n'ont cessé de réclamer toutes les garanties légales propres à faire respecter leur souveraineté. Et bien, les plus ardents et les plus passionnés dans leurs paroles et dans leurs votes sont précisément ceux qui ont le régime parlementaire, les innovations modernes, le suffrage universel dont ils émanent, en grande pitié ; ceux dont l'idéal est une France obéissante, disciplinée, repentante, faisant

retour, après quatre-vingts ans d'erreurs, à la royauté
légitime et de droit divin, et dont les conceptions les
plus hardies en matière constitutionnelle ne vont pas
au-delà d'une représentation nationale consentie par
le roi dans une charte octroyée, nettement limitée
dans ses attributions, et laissant à l'initiative royale
les plus larges prérogatives. !

Avant de dégager un peu de lumière des brouil-
lards de notre situation politique, il n'était pas inutile
de signaler toutes ces contradictions, conséquence du
trouble, du malaise, du désarroi des esprits. Quelle en
est la cause principale ? Evidemment l'existence d'un
pouvoir unique, sans limite et sans contre-poids.
Tout pouvoir unique et souverain est exposé à perdre
la vue claire et nette des choses, à être saisi de ver-
tige, à s'enivrer de sa toute puissance. Terrible à tous
égards quand elle est aux mains d'un seul homme,
cette toute puissance n'est pas moins redoutable
quand elle est aux mains d'une Assemblée dont la
responsabilité collective assure l'irresponsabilité de
chacun de ses membres. Telle fut la Convention, de
grande mémoire, dont la durée ne fut guère plus
longue que ne l'est aujourd'hui celle de l'Assemblée nationale. (1) Il est donc grand temps pour l'Assemblée

---

(1) La Convention a siégé trois ans et trente-cinq jours.

de s'arrèter sur la pente fatale, d'envisager la situation en face, virilement, avec sérénité, et de prendre une résolution définitive, en inclinant les intérêts personnels devant l'intérêt suprême de la patrie.

IV

Ce qui commence à simplifier une situation pleine de périls, c'est ce fait considérable que, pour la première fois, depuis le 8 février 1871, la plupart des partis politiques paraissent fatigués du provisoire actuel, et avides d'une solution constitutionnelle.

Quand l'Assemblée nationale se réunissait à Bordeaux au lendemain de l'armistice, la douloureuse nécessité de conclure une paix à la fois cruelle et inévitable était l'unique préoccupation des esprits. Cependant les troupes allemandes occupaient encore les abords de Paris, qu'apparaissait déjà la plus formidable et la plus criminelle de toutes les insurrections que l'histoire ait jamais enregistrées dans ses annales. L'insurrection étouffée laissa la France mutilée par l'ennemi, blessée et affaiblie par ses propres enfants. Une trêve des partis, trêve à jamais bienfaisante et bénie, permit au pays de respirer et de renaître à la vie, de refaire ses forces, son crédit, son armée, et de préparer en toute sécurité la libération de son sol. Ce programme était accompli, cette libération, qu'une convention nouvelle devait hâter encore, était assurée désormais, lorsqu'en novembre 1872, le Président de la République, qui avait obtenu jusqu'alors le concours patriotique de l'Assemblée nationale dans l'accomplissement de l'œuvre à laquelle le pays rend aujourd'hui un si éclatant et si consolant hommage, pensa que le moment était venu, sinon de constituer, du moins d'aborder sincèrement, sans passion et sans arrière-pensée, l'étude des problèmes politiques qui s'imposent au pays. Ce qui éclate au plus haut degré dans le Message mémorable du 13 novembre, c'est son caractère profondément conservateur, et nous ne croyons pas nous écarter de la pensée qui présidait à ce grand acte en résumant ainsi la question posée à l'Assemblée : « La majorité, et en particulier la fraction du centre droit, veut-elle prendre résolûment la direction de l'opinion publique, non pour en remonter le courant, mais pour le diriger ? Consent-elle à fonder une république qu'elle environnera des institutions les plus propres à protéger tous les intérêts conservateurs ? » — Il ne se trouva pas de majorité pour renverser le 29 novembre M. Thiers et son gouvernement. Mais au fond et en réalité, il était visible que la droite et le centre droit refusaient de s'associer à la politique du Message. A la suite de luttes énervantes et de tiraillements sans nombre, qui se prolongèrent du 29 novembre au 24 mai, l'Assemblée brisa le gouvernement qu'elle avait placé à sa tête dans les jours de péril suprême, et dont l'impardonnable crime était de ne point épouser les passions étroites, égoïstes, aveugles des partis, de se maintenir conciliant et modéré, tolérant et libéral, respectueux de tous les droits, point du tout possédé du démon de la réaction monarchique et cléricale, nullement disposé à adopter cet impertinent mot d'ordre que, de tous les partis politiques, le parti républicain est le seul pour lequel il ne saurait y avoir place au soleil de la République.

Mais nous ne voulons pas nous appesantir ici sur les causes multiples et complexes du coup d'État parlementaire du 24 mai. Nous sommes d'ailleurs en présence du fait accompli, fait pacifique et légal, dont une des conséquences les plus inattendues et les plus contraires aux prévisions de ses auteurs a été de démontrer avec éclat la vitalité, la force et l'excellence du principe républicain.

Et maintenant peut-on sérieusement objecter qu'il n'y a pas de raison pour que l'Assemblée nationale accomplisse aujourd'hui ce qu'elle refusait au mois de novembre et même au mois de mai dernier, et pour aborder résolûment les questions constitutionnelles, au risque de diviser une majorité de coalition si laborieusement constituée? C'est là le nœud du problème.

Nous sommes au cœur de la question politique vers laquelle tous les esprits sont tendus ; et nous avons à démontrer qu'à la rentrée prochaine, c'est-à-dire dès le mois de novembre ou au plus tard en décembre, il ne subsistera plus une seule des raisons invoquées jusqu'à ce jour pour ajourner la solution du problème constitutionnel (1) ; qu'en conséquence, l'Assemblée ne peut échapper et se dérober à ce dilemme fatal : *constituer ou se dissoudre.*

---

(1) A plus forte raison, dans le cas, de plus en plus improbable, d'une convocation anticipée de l'Assemblée par la Commission de permanence.

V

L'argument favori des membres de la majorité parlementaire était tiré de la libération du territoire. Il ne suffisait pas que l'époque du départ des troupes allemandes fût définitivement fixée par une convention diplomatique, que nos emprunts fussent réalisés, que les payements successifs fussent assurés avec la plus parfaite régularité. L'évacuation préalable et totale du territoire entrait dans le programme de nos parlementaires : or ce grand fait, dont l'auteur illustre n'est plus au pouvoir, sera depuis longtemps réalisé quand l'Assemblée nationale reparaîtra dans les murs du palais de Versailles.

Le second motif de l'ajournement systématique subi par les lois organiques est d'un ordre différent, et touche aux questions les plus intimes et les plus délicates de la politique intérieure.

La droite et le centre droit de l'Assemblée nationale n'ont jamais cessé d'aspirer à la pleine possession du pouvoir. Vainement furent-ils représentés dans les ministères et dans toutes les administrations par l'immense majorité des fonctionnaires de tout ordre : gouverner souverainement et sans partage, disposer de tous les emplois publics sans exception, frapper tous les adversaires politiques et placer tous les amis, était une volupté telle que depuis deux longues années toutes les autres préoccupations lui étaient subordonnées. La réalisation de cet idéal s'est appelée l'avénement de la politique résolûment conservatrice, autrement dit la restauration de l'ordre moral. Est-il permis d'insinuer que des soucis électoraux ne furent point étrangers aux événements qui se sont accomplis, si lointaine d'ailleurs que pût être, dans l'esprit de certains députés, l'époque des élections futures? Toujours est-il que la victoire du 24 mai a soulagé d'un grand poids et délivré de mortelles inquiétudes l'esprit de plus d'un membre de l'Assemblée. C'est encore un point noir effacé de l'horizon.

Restait un dernier prétexte qu'auraient pu faire valoir indéfiniment les partisans acharnés de l'équivoque et du provisoire, mais qui leur échappe également, par leur propre faute. Jusqu'aux derniers jours de la session, il était convenu, sur tous les bancs de la coalition parlementaire du 24 mai, que le pays réclamait la tranquillité et la paix ; qu'il importait de ne point troubler le calme des esprits par des agitations constitutionnelles ; que l'Assemblée avait encore une longue tâche législative à remplir avant de s'arrêter aux questions apparemment secondaires et de médiocre intérêt qui touchent à la forme du gouvernement. Ce mot d'ordre était répété et développé sur tous les tons par les organes les plus divers de la presse monarchique. Suivre docilement à l'extérieur la politique de M. Thiers qu'on venait cependant de renverser; gouverner, à l'intérieur, en frappant çà et là, sans autre forme de procès que l'arbitraire de l'état de siége, quelques journaux républicains, et en destituant ou déplaçant des fonctionnaires en vue d'intérêts électoraux, n'était-ce donc point assez pour passer à la gloire, pour arracher l'admiration des peuples, pour laisser une page d'histoire à la postérité, et, suivant l'heureuse expression de M. le duc de Broglie, « pour grandir dans la mémoire des hommes (1)? »

Des mesures étaient prises pour prévenir ou réprimer pendant les vacances de l'Assemblée les manœuvres du parti républicain, toujours prêt, disait-on, à agiter le pays et à troubler la paix des esprits. Or, il est arrivé que très-peu de jours après la séparation de l'Assemblée, les partis monarchiques déchiraient leur programme avec éclat, annonçant à la France et à l'Europe qu'un grand événement allait s'accomplir et que les deux branches si longtemps divisées de la

---

(1) Discours du 23 mai.

famille royale allaient se confondre et se réconcilier à la face du monde. Et le fait s'est accompli, et toute la presse royaliste a chanté victoire, et de toutes parts les journaux légitimistes et orléanistes ont proclamé que le provisoire touchait à sa fin, que le fruit était mûr, bon à cueillir au retour des vacances !

Un rendez-vous solennel est donc donné à tous les partis dans l'Assemblée nationale. L'heure est fixée : il est trop tard pour se dérober au combat. Les lois constitutionnelles sont à l'ordre du jour pour novembre ou décembre prochain. A cette date, que se passera-t-il ?

VI

Nous n'avons rien à dire de la procédure qui sera adoptée par l'Assemblée et qu'il serait peut-être téméraire de vouloir préciser à l'avance, Peut-être une proposition très-simple et très-nette en faveur du rétablissement de la forme monarchique sera-t-elle déposée sur le bureau, examinée et discutée. Peut-être la proposition déjà formulée en faveur de la proclamation de la République (1) sera-t-elle également reprise. Peut-être aussi l'Assemblée se bornera-t-elle tout d'abord à nommer la commission ou les commissions qui seront chargées d'examiner les lois constitutionnelles élaborées par le précédent gouvernement. Ces questions de procédure ont leur importance relative, mais c'est le fond même de la question qui en définitive nous intéresse au suprême degré ; c'est l'émouvant et grave problème de la République ou de la monarchie que, sous une forme ou sous une autre,

---

(1) Proposition de M. Bérenger.

la Chambre sera appelée à trancher prochainement.
Or, nous avons la conviction (et c'est la conclu-
sion à laquelle nous tendions dès la première li-
gne), que s'il résulte une fois pour toutes et claire-
ment du travail auquel les partis vont se livrer dans
l'Assemblée, que la Chambre actuelle est impuissante
à constituer, elle doit se dissoudre; que si, au contraire, il se rencontre une majorité constituante, cette
majorité ne constituera et ne pourra constituer que la
République.

Ainsi précisé, défini et simplifié, le problème se
réduit à une question d'arithmétique parlementaire,
et la démonstration est facile.

Les députés de l'appel au peuple, autrement dit le
groupe bonapartiste, paraissent résolus à ne voter ni
la royauté, ni la République : leur nombre est d'une
trentaine environ.

Le parti Orléaniste s'est suicidé ; M. le comte
de Paris n'est plus prétendant à la couronne. Les
orléanistes de la veille se bornent désormais à sol-
liciter de M. le comte de Chambord quelques con-
cessions, plus apparentes que réelles, sur la cou-
leur du drapeau et sur les garanties parlementaires.

Il ne saurait donc être question à l'Assemblée ni du
rétablissement de l'Empire dont elle a prononcé la
déchéance et dont les représentants sont, dans la
Chambre, une infime minorité, ni de la royauté

orléaniste dont le chef s'est incliné devant le représentant du droit divin. La lutte est circonscrite entre
la République et la monarchie légitime ; il s'agit de
savoir si la Chambre constituera la République, ou
appellera Henri V au trône de France, ou expirera
dans l'impuissance finale.

L'établissement de la royauté peut-il réunir dans
la Chambre la majorité des suffrages ? Nous ne voulons pas examiner si une royauté instituée à dix,
vingt et même cinquante voix de majorité est chose
possible et viable (1), et nous avons suffisamment
indiqué que la loyauté politique commanderait avant
tout de consulter le pays qui, en définitive, est le maî-
tre de ses destinées. Mais forcés de nous en tenir à la
réalité, si pénible qu'elle soit, nous tournons et retour-
nons la question dans tous les sens : la royauté peut-
elle espérer une majorité dans l'Assemblée ? et nous
répondons : non !

Prenons le scrutin mémorable du 24 mai et exami-
nons successivement quelle peut être l'attitude des
divers groupes composant la faible majorité qui a

––––––––––

(1) Que la France soit paisible sous une République, et elle
n'éloignera personne. *Qu'elle soit agitée sous une monarchie
chancelante, et elle verra le vide se faire autour d'elle sous
une forme de gouvernement aussi bien que sous une autre.*
M. Thiers. Message du 13 novembre.

renversé **M.** Thiers et l'imposante minorité qui l'a soutenu jusqu'à la dernière henre.

Nous pouvons hardiment retrancher de la majorité du 24 mai les trente ou trente-cinq voix bonapartistes, qui appartiennent à la coalition pour combattre la République, mais dont les noms se trouveront dans l'urne, suivant toutes les vraisemblances, avec ceux de la gauche et du centre gauche pour repousser la royauté.

Nous ne serons pas aussi affirmatifs sur l'attitude des membres du groupe Target. Il est cependant peu croyable que les hommes politiques qui ont assumé, non sans de longues et profondes hésitations, la lourde responsabilité de renverser **M.** Thiers, aggraveront leur situation personnelle au point de manquer au programme qu'ils ont solennellement porté à la tribune le 24 mai, et par lequel ils prenaient à la face de leurs électeurs et de la France entière l'engagement sacré de fonder la République, tout en accomplissant ce que leur conscience leur commandait en vue des intérêts conservateurs.

Si nous ajoutons que, depuis le 24 mai, la mort a fait quelques vides dans les rangs de la droite de l'Assemblée, et que, d'autre part, les plus simples convenances devraient interdire aux ministres de **M.** le maréchal de Mac-Mahon de participer à un vote dont le résultat est de le faire descendre du pouvoir, que reste-t-il du scrutin du 24 mai et de la majorité qui a renversé M. Thiers (1)?

Nous avons cependant fait la partie belle à la royauté. Car, en éliminant les bonapartistes qui demeurent fidèles à leur drapeau, et les membres ou la plupart des membres du groupe Target, qui se sont compromis dans une certaine mesure en faveur de la forme républicaine, nous avons supposé que toutes les autres fractions de la majorité étaient prêtes à offrir la couronne à M. le comte de Chambord; que tous les enfants de 1830 vont, à l'instar des princes d'Orléans, condamner leur passé et la mémoire de leurs pères, abjurer leur foi politique et acclamer le représentant de l'ancien régime! Sur ce point, il n'est permis de rien affirmer; nous sommes dans le domaine de l'hypothèse; mais est-il déraisonnable de penser qu'au moment du vote, il manquerait plus d'un nom dans l'urne, parmi ceux qui ont porté M. le maréchal de Mac-Mahon à la première magistrature de la République?

---

(1) « Élevé par une majorité de 7 voix, le pouvoir du maré-
« chal reste indissolublement lié à cette même majorité dans
« laquelle la mort fait chaque jour des vides que rien ne vient
« combler. Encore quelques élections comme les dernières, et
« cette majorité, d'ailleurs divisée par des prétentions qui
« s'excluent, aura cessé d'être. D'un autre côté, le provisoire ne
« saurait continuer plus longtemps. » *Lettre de M. le marquis de Franclieu.*

Quant à la minorité du 24 mai, elle votera contre la royauté avec un ensemble imposant. Que ceux qui espèrent des défections dans ses rangs se fassent jusqu'à la dernière heure les plus douces illusions! Nous sommes tranquilles. Qu'on ne se méprenne pas sur la portée de quelques scrutins secondaires, qui, après le 24 mai, ont présenté des majorités de 390 et 400 suffrages. La Chambre et, en particulier, là minorité républicaine du 24 mai, compte dans ses rangs un certain nombre d'hommes modérés, conciliants, à la fois libéraux et conservateurs, qui ont constamment voté le maintien de M. Thiers au pouvoir, mais qui, après sa chute, aucune atteinte n'étant portée aux lois du pays, n'ont nullement l'intention d'entraver la marche du gouvernement, et dont le tempérament ne saurait d'ailleurs se prêter à l'opposition quotidienne et systématique. Mais vienne une occasion éclatante d'affirmer leur politique et de faire acte de patriotisme, le pays les verra dévoués et fidèles, et si la voix de M. Thiers se fait entendre à la tribune, les amis de la veille se retrouveront en bataillon serré, pour conjurer le péril, pour conserver intacte la France de 1789, que nous ne laisserons ni périr, ni mutiler, ni déshonorer !

VII

La seconde partie du problème est beaucoup plus aléatoire. La royauté légitime étant condamnée d'avance à perdre la partie, se trouvera-t-il dans la Chambre une majorité pour fonder la République? pour la fonder, soit en la constituant d'une manière quelconque sans la proclamer, soit en la proclamant?

Oui, si le centre droit, désabusé et vaincu, revient de guerre lasse à l'ordre républicain. Non, dans l'hypothèse contraire. Car les bonapartistes se retourneront contre la République ; et il se trouvera peut-être à la gauche de l'Assemblée un groupe de députés qui, refusant jusqu'au bout de s'associer à des mesures constituantes, s'abstiendront au scrutin.

C'est alors qu'apparaîtrait au pays tout entier l'impuissance originelle et radicale de l'Assemblée du 8 février, et le devoir de tout électeur serait de pousser un cri énergique en faveur de la dissolution immédiate. Que ferait d'ailleurs, après de tels déboires et de telles humiliations, une Assemblée épuisée et discréditée, par le spectacle de son impuissance, aux yeux de la France et de l'Europe? Légiférer? doter la France d'une loi d'enseignement et d'autres lois modificatives de la législation existante? Nous savons à merveille que la majorité actuelle est pleine d'admiration pour elle-même, au point de croire que le salut de la France réside en elle tout entier, et que toute autre Assemblée mènerait infailliblement le pays aux abîmes. Qu'il soit permis d'être aussi respectueux envers nos Assemblées futures qu'envers l'Assemblée actuelle. Dieu merci, le sort de la patrie ne saurait dépendre de la présence ou de l'absence dans un parlement de quelques hommes que le suffrage universel a un jour improvisés législateurs, et auxquels le même suffrage peut retirer leur mandat temporaire. Cette patrie malheureuse et bien aimée, si cruellement troublée aujourd'hui par les surprises dont on la menace et par les incertitudes auxquelles on la condamne, ne tardera pas à poursuivre ses destinées immortelles. Les hommes et les assemblées passent : le pays reste debout. Des élections générales sont inévitables, et nous dirions volontiers aux imprudents et aveugles ennemis du suffrage universel : calmez vos terreurs, et n'ayez aucune inquiétude pour l'avenir de « cette chose si belle, si chère à nos cœurs, qui était avant nous et qui sera après nous, la France, qui seule mérite tous nos efforts et tous nos sacrifices (1)! »

Septembre 1873.

---

(1) M. Thiers. *Message du 13 novembre.*

Imp. Moderne (Barthier, D^r), rue J.-J.-Rousseau, 61.

9 782011 780409